www.tredition.de

AF202274

NichtGanzDichter

Bilder einer Pandemie

Neuartige Fotos und Texte aus Corona-Zeiten

www.tredition.de

© 2020 NichtGanzDichter

Cover und Fotos: NichtGanzDichter

Verlag und Druck: tredition GmbH, Hamburg

ISBN
Paperback: 978-3-347-08719-4
Hardcover: 978-3-347-08720-0
e-Book: 978-3-347-08721-7

Das Werk, einschließlich seiner Teile, ist urheberrechtlich geschützt. Jede Verwertung ist ohne Zustimmung des Verlages und des Autors unzulässig. Dies gilt insbesondere für die elektronische oder sonstige Vervielfältigung, Übersetzung, Verbreitung und öffentliche Zugänglichmachung.

Inhaltsverzeichnis

Vorwort   6

Des andern Leid   10

Corona-Limericks Teil 1   17

Home Churching 1.0   20

Gesichter einer Krise – eine Ballade in Corona-Zeiten   25

Vom Können und Dürfen   32

Bullshit-Bingo „Corona Style"   40

Die Amazone   43

Corona-Limericks Teil 2   49

Diss-Track against Corona   53

Rocky   59

Ich, das Virus   64

… angereichert mit 22 Schwarzweiß-Fotografien

Vorwort

Liebe Leserin, lieber Leser,

als das vorliegende Werk entstand, waren die ersten Lockerungen bereits in Kraft. Abstandsregelungen, Kontaktbeschränkungen und Mund-Nase-Bedeckungen prägten im Juni 2020 zwar weiterhin den Alltag, doch sah man die Menschen wieder vermehrt schlemmen, schwimmen – und ihre Freunde im benachbarten Bundesland besuchen. Neuartig war nicht nur das ursächliche Virus, sondern auch die Lebenssituation, in der sich ein jeder unfreiwillig wiederfand.

Mit der „Corona-Faust" erfolgte die Begrüßung, „Bleib gesund!" wurde selbst im Geschäftsbrief zur gängigen Verabschiedungsfloskel in „Corona-Zeiten", ebenfalls ein typischer Begriff für die Dauer der Pandemie, der sich niemand entziehen konnte.

Während Ökonomie und Freizeitangebote auf ein Minimum heruntergefahren und Arbeitsplätze ins neu entdeckte Home Office verlegt wurden, nutzte der Autor die sich bietenden Freiräume zum Verfassen der nun folgenden Texte. Erzählt werden die teilweise auf realem Hintergrund basierenden Geschichten von Menschen, die die Krise auf meist unerwartete und skurrile Weise zu meistern wussten. Für Abwechslung sorgen Limericks und ein „Corona-Bingo", bevor der Verfasser in die Rolle des mitunter recht seltsam anmutenden Virus schlüpft.

Erlaubte die soziale Distanzierung dann doch einmal etwas Frischluft, dann war die Kamera stets zur Stelle: Vom Hinweisschild zur Maskenpflicht über gesperrte Sportanlagen bis hin zur Anleitung für die perfekte Nieshygiene sind typische Motive einer atypischen Zeit fotografisch festgehalten. Auf diese Weise wurden aus einer Fülle von bemerkenswerten Momenten die „Bilder einer Pandemie".

Weil sich auch die Künstler für lange Zeit nicht mehr von Angesicht zu Angesicht begegnen konnten, lief die Kommunikation auf elektronischem Wege ab. Innerhalb einer Autorengruppe entwickelte sich dabei ein spaßiger Wettstreit, bei dem ein vorgegebener Anfangssatz, häufig aus einem bekannten Roman, zu einer Kurzgeschichte weiterzuentwickeln war. Diesem Prinzip folgen manche der Geschichten.

Der einzige öffentliche Auftritt des Autors in Corona-Zeiten fand übrigens in einem Autokino statt. Der Poetry Slam mit maximaler Distanz brachte neben der durchweg neuartigen Erfahrung einen liebevoll gestalteten Pokal ein.

Viel Spaß beim Lesen und Betrachten wünscht

NichtGanzDichter

Infos und Auftrittstermine gibt es im Internet unter:
www.nichtganzdichter.com
sowie www.youtube.com/user/NichtGanzDichter

Kontakt und Buchungsanfragen:
info@nichtganzdichter.com

Abstand und Maske – die deutlichsten Hinweise darauf, dass wir in Corona-Zeiten lebten...

Vor allem beim Einkaufen ging man sich so weit wie möglich aus dem Weg.

Des andern Leid

Komische Zeiten, wo man die Freundin erst desinfizieren muss, bevor man sie umarmen darf. Komische Zeiten, wo man erst einen Maulkorb anlegen muss, bevor man einkaufen darf – obschon man kein Hund ist. Wahrlich komische Zeiten. Gar nicht komisch fand das Harry, im Gegenteil: Eine Freundin hatte er zwar nicht, doch für ihn war das alles großartig: Endlich hatte er einmal Recht gehabt! Recht mit dem, was er seit Jahrzehnten gepredigt hatte, sehr zum Leidwesen seiner Nachbarn, Kollegen und Freunde, die sich nach und nach verdünnisiert hatten. „Das Ende ist nah", hatte Harry tagein, tagaus gewarnt. Doch niemand wollte auf ihn hören, man hielt den 54-jährigen Frührentner für einen Schwätzer, Spinner, Angstmacher oder gleich alles zusammen.

Und nun hatten sie selbst auf einmal Panik, sie alle, die Maskierten – sie fürchteten ein winziges Teilchen, mikroskopisch klein und doch in aller Munde. Corona, für Harry war das die Rettung! Jetzt kam der einen Meter sechzig kleine Mann groß raus, jetzt *mussten* sie ihm zuhören, wenn er am Morgen extra zeitig aufstand, um vor dem örtlichen Discounter zu kontrollieren, ob die Masken auch korrekt aufgesetzt waren. Für 450 Euro im Monat hatte sich Harry als Sicherheitskraft rekrutieren lassen, in jenen komischen Zeiten war das ein gefragter Beruf, so wie Krankenpfleger, Kassierer, Bestatter oder Virologe.

„Ohne Mundschutz kein Zutritt!", herrschte Harry die ältere Dame an, die geschickt versuchte, sich an ihm vorbeizuschieben und ungeschützt ihren täglichen Einkauf zu erledigen. Erst nach längerer Debatte, wenngleich ohne Einsehen, legte die Seniorin ihren Maulkorb, wie die Kritiker ihn zu nennen pflegten, an und streifte missmutig durch den Laden, in dem sich immer nur 80 Personen gleichzeitig aufhalten durften.

Harry fühlte sich großartig. Endlich zeigen, wo es langgeht, und dabei noch etwas Gutes tun, oh ja! Für die Gesundheit, für das Wohlergehen von uns allen. Solche Menschen braucht das Land, Menschen wie ihn, da war er sich sicher. Früher war das noch anders, als Harry Falschparker aufgeschrieben und beim Ordnungsamt gemeldet hat. Da war man genervt. Noch etwas freute den hygienebewussten Vorstädter, den sie alle nur „Masken-Harry" nannten: Das war die Sache mit den Vorräten. Er hatte schon gehamstert, da hatten die anderen noch nicht einmal eine Ahnung von ihrem Faible für Toilettenpapier! Harry hingegen hatte schon immer alles: Nudeln, Reis, Milch, lang haltbares Brot, Backmischungen, Wasser – und Hakle feucht. Für ihn nichts Neues! Und damit ihm niemand etwas wegnimmt, lag die geladene Waffe stets daneben. Harry war seiner Zeit einfach voraus, und genau diese Erkenntnis rieb er seinen Mitmenschen nun unaufhörlich unter die Nase. Zunehmend böse wurden die Blicke, als sich die Regale dann tatsächlich leerten. Aber Harry hatte Recht behalten, und darauf kam es jetzt an. Endlich gab es nichts mehr zu kaufen – und er hatte vorgesorgt. Wunderbar!

Während Harry wieder einmal die Einhaltung der Maskenpflicht penibel überwachte und so seinen Beitrag zur Bewältigung der Pandemie leistete, reifte in ihm ein Gedanke: Was jetzt noch fehlt, ist der Finanzkollaps! Das hat er auch schon immer gewusst! Erst wenn die anderen völlig am Ende sind, würde Harry sich groß fühlen! Und wahrlich groß war auch das, was er im Falle eines Falles vorhatte. Wenn die Vermögenswerte erst einmal futsch wären, dann würde er seinen größten Trumpf ziehen: Mit seinem kleinen, aber feinen Goldschatz würde Harry einen ganzen Straßenzug aufkaufen, seinen eigenen – und die frechen Mieter würde er vor die Tür setzen. Jawohl. Und die Nachbarn müssten dann auch weg. Da sind noch Rechnungen offen. Sie haben ihn doch immer schlecht behandelt. So war das! Genau diesen Moment sehnte Harry geradezu herbei, und als die Wirtschaftsweisen ihre Prognose abermals nach unten korrigierten, kam in ihm eine mehr als nur klammheimliche Freude auf. Mit jedem neu gemeldeten Arbeitslosen, mit jeder Insolvenz, mit jeder Steigerung der Inflationsrate fühlte sich Harry in seinem Denken und Handeln bestätigt.

Als der DAX und der Dow Jones im Spätherbst dann tatsächlich um 50 Prozent einbrachen, feierte Harry spontan eine Party – die Beschränkung auf zwei Personen war mittlerweile aufgehoben, und den edlen Tropfen hatte er sich für genau solche Festtage aufgespart. Und als das Land aufgrund lang anhaltender Dürre schließlich am Rande einer Hungersnot ankam, vertilgte Harry genüsslich, Scheibe für Scheibe, seinen Pumpernickel und genehmigte sich zum Nachtisch einen Pfirsich aus der Konservendose, die noch drei Jahre hält. Was jetzt noch fehlt, ist ein Krieg, dachte sich Harry, gar nicht mehr klammheimlich, sondern laut und deutlich. Aber auch das kommt ganz bestimmt. Sollen die anderen doch sehen, wie sie dann klarkommen. Doch vorher muss noch Merkel weg. Das schrie Harry lautstark heraus, so wie früher, denn Demonstrieren war zwischenzeitlich wieder erlaubt.

Harry ist überall. Harry kommt schneller, als du denkst. Also pass auf, dass nicht auch du zum Harry wirst, wenn du das nächste Mal deine Maske aufsetzt! Denn komische Zeiten produzieren mitunter komische Menschen. Oder vielleicht waren wir auch schon immer so.

Komische Zeiten waren es auch deswegen, weil der Sprit immer günstiger wurde... während man nirgendwo hindurfte!

Neben dem Abstandsgebot existierten noch weitere Regeln, viele weitere Regeln:

Corona-Limericks Teil 1

Ein Virus zog um die Welt,
zerstörte Gesundheit und Geld…
Corona ist da!
Komm mir bloß nicht zu nah!
Es gibt Regeln, an die man sich hält!

Corona hieß einstmals ein Bier,
dann war dieses Virus auch hier,
vorbei war die Sause,
wir bleiben zuhause
und horten Toilettenpapier.

Die Bolzplätze waren monatelang gesperrt... und auch in der Kurpfalz hieß das Gebot der Stunde:

19

Home Churching 1.0

„Wenn du nicht in die Kirche kommst, dann kommt die Kirche eben... zu dir!" Kaum hatte sie es ausgesprochen, da nahm Rose die Bibel zur Hand und eröffnete den ersten Hausgottesdienst im beschaulichen Ludwigshafener Stadtteil Oggersheim mit einer wichtigen Ansage: „Wir haben auch die Kerze am Start!", verkündete die junggebliebene Mittvierzigerin eine wahrhaft frohe Botschaft, ehe sie geschwind den Koran herbeizauberte – und etwas, das sie den „Talmund" nannte. „Es heißt Talmud", verbesserte ihr Mitstreiter seine gute Freundin und wies dezent darauf hin, dass die bedeutende Schrift aus dem Judentum nun wirklich nichts, aber auch gar nichts mit Reiner Calmund gemeinsam hätte, dem ehemaligen Manager von Bayer 04 Leverkusen. „Den Calli mögen wir trotzdem", lachte Rose und blickte in die Handykamera, die das ebenso interreligiöse wie himmlische Spektakel für alle Ewigkeit festhalten sollte.

Im Bilde zu sein, das war sie gewohnt, denn Selfies sind eines ihrer bevorzugten Hobbies. Siebzig Aufnahmen in neunzig Minuten hatte sie bei einem Spaziergang in Köln einst geschafft, und manchmal gab es sogar Passanten, die die Rheinländerin spontan fotografierten. Beim ersten Oggersheimer Home Churching wäre der Spaß jedoch nur halb so groß gewesen, hätte der Autor dieser Zeilen nicht selbst an der Orgel gesessen und spontan zum gesprochenen Wort der gläubigen Christin improvisiert. Dass es sich nicht um eine Kirchenorgel handelte, vielmehr um ein elf Jahre altes Digitalklavier mit Orgelfunktion, tat der erhebenden Stimmung, die sich allmählich einstellen sollte, keinerlei Abbruch. Nach ersten Auszügen aus Bibel und eben jenem Talmud demonstrierte Rose ihre Vorstellung von einem adäquaten Gottesdienst, indem sie die Heilige Schrift emporhob und die zufällig aufgeschlagene Passage zum Inhalt ihrer Predigt machte. Dabei fand sie nichts Geringeres vor als das „Hohelied der Liebe", eine Erkenntnis, die die frischgebackene Home Churcherin genüsslich auskostete. „Liebe, darum geht es!", fasste sie ihre gute Nachricht zusammen, nachdem sie das Hohelied minutenlang rezitiert und sie den Organisten dazu aufgerufen hatte, es etwas „fetziger" angehen zu lassen, einer Bitte, der er umgehend nachkam.

Inwiefern die zwölfminütige Inszenierung religiöser Vielfalt beim noch nicht vorhandenen Publikum ankommen würde, testete Rose dadurch aus, dass sie wenige Stunden später in Heidelberg junge Studenten am Neckar sitzend ansprach – natürlich mit dem gebührenden Abstand – und ihnen voller Enthusiasmus das Handyvideo vor Augen führte. Vom Glauben abgefallen sind sie glücklicherweise nicht. Eher wirkte es wohl inspirierend, und genau dazu war der Corona-Hausgottesdienst ja auch gedacht.

Großen Wert legte Rose im Übrigen auf die Feststellung, dass das ungewöhnliche Zusammenspiel von Liturgie und Poesie in der pfälzischen Provinz eine durchaus ernste Angelegenheit sei, oder, wie sie es ausdrückte: „Wir wollen das hier nicht verhohnepiepeln!" Ihre sonntägliche interreligiöse Messe beschloss Rose mit den drei prophetischen Worten „Liebe – ist – alles!" und kündigte eine Fortsetzung der neuartigen Glaubensveranstaltung an. „In diesem Sinne, bis zum nächsten Home Churching 2.0!", waren die letzten Worte an ihre hoffentlich wachsende Gemeinde. So sei es.

Um tatsächlich gesund zu bleiben…

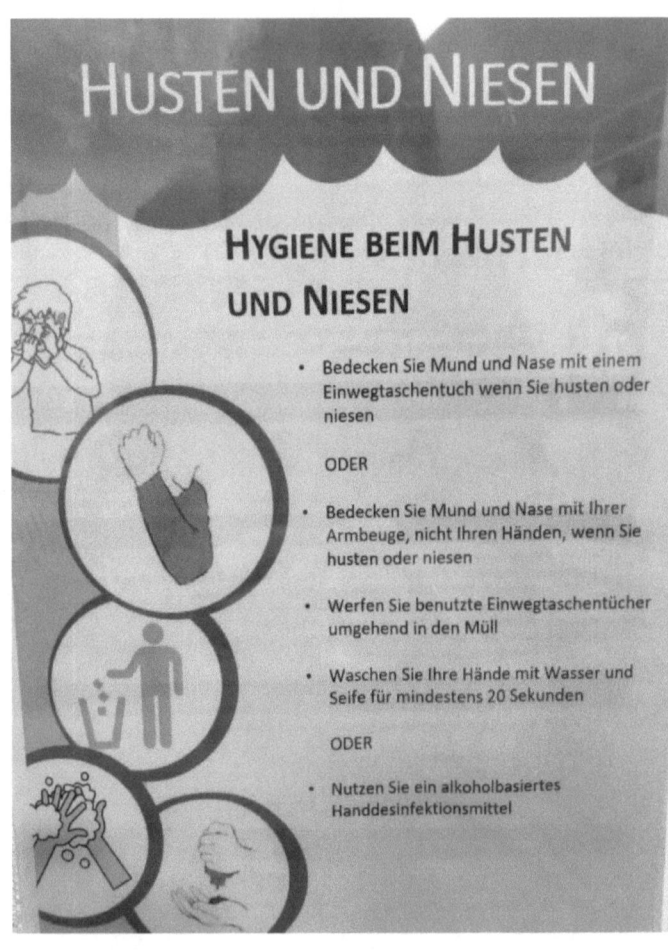

... wollte auch richtig Niesen erst einmal gelernt sein!

Gesichter einer Krise –
eine Ballade in Corona-Zeiten

Bevor ich mich bald kränklich wähne,

da *geh* ich halt in Quarantäne!

Dank Kühlschrank, Herd und Mikrowelle

vertilg ich Nudeln auf die Schnelle!

Zehn Kilogramm hab ich ergattert,

derweil das Virus weiterflattert…

auch *„Hakle feucht"* in großen Massen

darf ich beim Einkauf nicht verpassen!

Mir geht's halt *nicht* am Arsch vorbei,

dann nenn mich *„Hamster"* – bin so frei!

Hey, muss das wirklich alles sein?!

Wär „solidarisch" jetzt nicht fein?

Wer sorgt dafür, dass du nicht hungerst?

Und während du vorm Fernseher lungerst,

da düst mein Brummi übers Land,

gefüllt mit *allem* bis zum Rand!

Da kenn ich weder Rast noch Schlaf,

ich trotz dem Virus, sei mal brav!

Ach, hör doch auf, *mich* geht's nix an,
ich bin noch jung, gesund, ein Mann!
Was soll das alles mit *mir* machen?
Ich will jetzt leben, lieben, lachen!
Ich will *hinaus*, wo bleibt mein Sport?
Corona, oh, ich hass' das Wort!
Was *is* hier schon ne Pandemie?
Das bisschen Grippe? Hysterie!

> Die *Betten* sind bei uns belegt!
> Schau hin, wer hier die Kranken pflegt!
> Es werden längst die Masken knapp,
> das *Personal* macht langsam schlapp,
> *ein Drittel* ist schon infiziert,
> wohl dem, der alles auskuriert,
> und der nicht noch *Beatmung* braucht,
> kaum eine Schwester, die nicht faucht!

Mir ist Gesundheit auch viel Wert!

Doch läuft hier nicht etwas verkehrt?

Ob Eigentum, Versammlungsrecht,

bewegen kann ich mich nur schlecht…

Selbst Spielplatz, Kirche, alles zu!

Das *Leben* stirbt hier weg… im Nu!

Kontrolle und Kontaktverbot,

die *Freiheit* seh ich arg bedroht,

und das ging alles rasend fix,

passt bitte auf, sonst gibt das nix!

>„Sie müssen einen Wagen nehmen!",
>
>er hört es, ohne sich zu schämen,
>
>und hat denselben alsbald voll,
>
>erregt damit nun ernsthaft Groll
>
>bei jener Mutter, die mit Kind
>
>den Kampf um Tempos *nicht* gewinnt:
>
>„Die letzte Packung musst' es sein?"
>
>spricht sie in sein Gewissen rein,
>
>„bei uns zuhause sind sie krank!"
>
>Und so entsteht ein Riesen-Zank,

er wirft die Beute lustlos hin,

da sagt ihm die Kassiererin:

„Ich schieb hier täglich Extraschichten,

auf was wie Sie könnt ich verzichten!

Und eines stell ich hiermit klar:

Es ist genug für alle da!"

Da reißt das Kind sich plötzlich los:

„Wo sind denn meine Freunde bloß?

Ich darf sie alle nicht mehr sehen,

und darf nicht mal zur Schule gehen!

Dafür ist *Papa* jetzt zuhaus,

und sein Computer niemals aus!

Die Stimmung ist bei uns echt mies

und meine Eltern werden fies,

kein Kino mehr, nicht mal ein Eis!"

So zahlt der *Kleine* seinen Preis.

Und auch beim Imbiss um die Ecke

steht längst das Wasser bis zur Decke,

nur selten holt noch wer was ab,

auch die Finanzen werden knapp,

und dem Frisör bleibt nur zu sagen:
„Ihr werdet lange Haare tragen!"
Der Depressive leidet still,
der Obdachlose im April,
der Künstler ohne Show und Gage,
der Zweifler, stets in seiner Rage,
der Kurzarbeiter wider Willen,
sie dürfen *nicht* gemeinsam chillen,
man reicht sich *virtuell* die Hand!

Da *geht* doch was... in diesem Land?!
Ihr kleinen und ihr großen Helden,
so kreativ ward ihr wohl selten...
Auch wenn das erst der Anfang ist:
Dank euch bin ich ein Optimist!
Ich distanzier mich zwar sozial,
doch *küss* die Welt... ein andermal –
Dafür seid *ihr*... der schönste Grund!
Bis dahin sag ich: Bleibt gesund!

So hielt man auch in den zunehmend leeren Arztpraxen stets einen Sitz frei…

… und die Kinder betrachteten ihre Spielplätze von außen.

Vom Können und Dürfen

„Sie brauchen nicht wiederzukommen, Herr Maier!"
Wie Donner klangen die Worte, die ihm der
schmächtige Moderator des literarischen Salons
entgegenschmetterte. „Sie können nichts, aber Sie
können gehen!", legte der Mann, auf den es ankam,
nach. Valentin Maier hatte genug. Für den 39-
jährigen Hobby-Schriftsteller aus der Voreifel war es
einfach nur noch frustrierend. Überall wies man ihn
ab, man knallte ihm die Türe vor der Nase zu und
hörte nicht einmal hin, wenn der überzeugte
Junggeselle versuchte, seine neuesten lyrischen
Ergüsse zum Besten zu geben. In kein Line-Up kam
Valentin hinein, in keine Lesung schaffte er es, selbst
bei der Offenen Bühne in Hückelhoven zogen sie ihm
den Vorhang vor seinem verbitterten Gesicht
unmissverständlich zu. Valentin war sauer. Richtig
sauer.

Und was ihn am meisten zur Weißglut trieb:
Die anderen durften! Und waren sie wirklich so viel
besser? Nach Meinung derjenigen, auf die es ankam,
anscheinend schon. Sie alle präsentierten ihr
Geschriebenes – vor Publikum! Sie ernteten Applaus
und ergatterten Preise. So gerne wäre Valentin dabei
gewesen. Einmal einer von denen zu sein, das war
sein Traum. Einer von denen, die es geschafft hatten.
Die sich zeigen durften. Währenddessen saß Valentin
entnervt zuhause und bedauerte sein unerfülltes
Dasein in seinem 24-Quadratmeter-Appartement.
Das war kein Zustand.

Dann kam die Pandemie. Die Distanz wurde größer, die Regale leerer, die Läden schlossen – und somit auch der Kulturbetrieb. Plötzlich war alles anders. Jetzt war jeder Tag ein Sonntag, nur ohne Spaß und ohne Kultur. Nicht einmal einen Nachtclub gab es mehr, in dem Valentin seinen Kummer im Alkohol hätte ertränken können. Immer wieder kreisten die Gedanken um seine Kunst, die nur in seinem Kopf stattfand, nicht vor lebenden Wesen. Und er hasste sie, diese Kollegen... wie sie stets die Zuhörerschaft zu begeistern verstanden, wie sie ihre Ehrungen in Empfang nahmen, wie sie all das fanden, was Valentin verwehrt blieb, vor allem das Eine: Anerkennung.

Doch dann kam dem jungen Schöngeist ein Gedanke, der ihm Auftrieb geben sollte in dieser doch so beschwerlichen Zeit: Wenn ich schon nicht können soll, dann sollen die anderen nicht dürfen! Irgendwie war es doch großartig, dass sie alle auf einmal nicht mehr auftreten durften, so sehr sie auch wollten. Lesungen, offene Bühnen, Poetry Slams, sämtliche Veranstaltungen fielen reihenweise dem eigentümlichen Virus zum Opfer. Nichts ging mehr, und die Konkurrenz saß jetzt genauso zuhause wie Valentin selbst! Zum Nichtstun verdammt! Das war Genugtuung, um nicht zu sagen: Gerechtigkeit! „Nicht mal mit Maske kommst du auf die Bühne!", schrieb der verkannte Literat fortan auf kleine Zettelchen, die er der ungeliebten Konkurrenz heimlich in den Briefkasten steckte – oder per Email anonymisiert zuschickte. „Stell dir vor, es ist Lesung, und du darfst nicht hin!", stand auf einer weiteren Notiz. Am meisten ging Valentin jedoch auf, wenn er einen Anhang verbreitete, den er mit folgender Message versah: „Kein Erfolg und keine Preise, bleib zuhause, so ne Scheiße!" Auf diese Weise wurde Valentin mit Fortschreiten der Pandemie zunehmend ideenreich, und seine Freude über das Nichtauftretendürfen seiner Kollegen gab ihm Stück für Stück so etwas wie Lebenssinn zurück.

Doch dann kamen die Lockerungen. Die Reproduktionszahl, die angibt, wie viele ein Infizierter im Durchschnitt ansteckt, war deutlich unter eins gesunken, wie Chefvirologe Christian Drosten von der Berliner Charité einmal mehr vermeldete, wobei die permanenten Schwankungen auch bei Valentin die eine oder andere Irritation hervorriefen. Jedenfalls war die Pandemie auf einmal nicht mehr ganz so schlimm, es wurde wieder demonstriert, in die Kirche gegangen, geschwommen, auswärts gegessen – und: gelesen! Zumindest erfolgten mehr und mehr Beschlüsse der lokalen Gesundheitsbehörden, die die Wieder-eröffnung des Kulturbetriebs schrittweise ermög-lichten.

Während die Literaturszene aufatmete – die monatelange Durststrecke hatte für finanzielle Engpässe bis hin zum Existenzverlust gesorgt – gab es einen, der da gänzlich andere Pläne verfolgte: „Wie verhindere ich diese verdammten Lockerungen?", fragte sich Valentin, dem es weniger um die Volksgesundheit ging, denn um die als ungerecht empfundene Situation, die sich doch gerade erst so wundervoll zu seinen Gunsten zu verändern schien. „Wenn ich schon nicht können soll, dann sollen sie auch weiterhin nicht dürfen!", hatte sich Valentin festgelegt, als er das Gesundheitsamt in seiner Kleinstadt über einen neuen Corona-Ausbruch in seinem Wohnblock informierte – der selbstverständlich mitnichten stattfand.

Also begann Valentin, gefährliche Situationen heraufzubeschwören, er spielte sogar mit dem Gedanken, sich absichtlich zu infizieren, um als sogenannter Superspreader zu einem personifizierten Grund für handfeste Verschärfungen zu werden! Doch es half alles nichts. Die Kurve flachte ab, egal ob mit oder ohne Valentin, und sie traten wieder auf – auch Thomas, dessen Kunst Valentin rigoros ablehnte und der es zu seinem Leidwesen einmal mehr in den Lokalteil der Tageszeitung geschafft hatte, die wieder regelmäßig erschien.

Sie durften also wieder – und Valentins Frust war zurück. Schon wieder würde er nicht dazugehören, nicht einer von denen sein. Tagelang zog sich Valentin auf sein Sofa zurück und labte sich in Trübsal, bis in ihm ein neuer Gedanke reifte: „Wenn sie schon wieder dürfen, dann sollen sie wenigstens nicht können!" Schnell wurde Valentin bewusst, dass auch er von der veränderten Situation profitieren würde, immerhin war Publikum wieder zugelassen, wenngleich mit zwei Metern Abstand zum Sitznachbarn, gründlicher Desinfektion der Hände und mit Bedeckung von Mund und Nase. Schnell war die Maske genäht, und sein Plan stand fest: Sie alle würde er sich anschauen, vor Ort, und dann mal sehen, ob sie noch zum Erfolg kämen! In der Folge besorgte sich Valentin Tickets auf elektronischem Wege, anders war es inzwischen nicht mehr möglich, und fand sodann seinen Platz in ausgewählten Lesungen und Bühnenveranstaltungen – wenn auch auf der falschen Seite, als Teil des Publikums.

Seine ersten Versuche, die Künstler in ihrem Tun zu behindern, scheiterten kläglich, etwa, als Valentin eine renommierte Autorin von Heimatkrimis mit abgenagten Hähnchenknochen bewarf, was ihm ein Hausverbot, nicht jedoch den ersehnten Platz auf der Bühne einbrachte. Auch die ständigen Buhrufe und Pfiffe während des Poetry Slams im Nachbardorf blieben ohne Mehrwert für den leidgeplagten Literaten. Doch wenn es konventionell nicht klappt, dann muss man eben innovativ werden, dachte sich Valentin und verlegte sich darauf, während den Veranstaltungen die vorgetragenen Geschichten spontan und lautstark fortzusetzen – womit ihm immerhin der eine oder andere Lacher gewiss war. Manchmal ließ er die Sitznachbarn sogar das Genre auswählen, so dass er den Textanfang eines Kollegen ad hoc als klassische Ballade weiterentwickelte – oder als Liebesschnulze. Bis zur Pointe kam er jedoch meist nicht. Zuhause machte sich Valentin derweil ans Reimen. Als schließlich Thomas, sein ewiger

Rivale, bei der Offenen Bühne dem Publikum sein neuestes Werk zu präsentieren versuchte, ging Valentin aus der dritten Zuschauerreihe mit folgenden Worten dazwischen: „Corona heißt die Plage – doch hört mal, was ich sage – in einem Satz – auch Thomas hat's – das steht ganz außer Frage!"

Nicht ganz sicher darüber, ob er den ungebetenen Gast ob seines provokativen Limericks zurechtweisen sollte, brach der Moderator ebenso wie ein großer Teil des Publikums in Gelächter aus und bat Valentin auf die Bühne. „Gibt's noch mehr davon?" – „Ja, sicher", entgegnete Valentin und performte einen Auszug aus seinem bisher unveröffentlichten Werk, das ganz überwiegend aus Verballhornungen seiner Kollegen bestand, die während der Corona-Krise zuhause bleiben mussten. „Stay home!" lautete denn auch der folgerichtige Titel. Das gefiel! Bei der nächsten Veranstaltung durfte Valentin zur Einleitung zwei seiner Texte vortragen, und bei der darauf folgenden Lesereihe räumte man ihm sogar zwanzig Minuten Sprechzeit ein. Wow!

Wie kreativ er im Zuge all dieser Entwicklungen geworden war, überraschte Valentin selbst am meisten, der spontan zur Gitarre griff und seine literarischen Ergüsse nun auch erstmals musikalisch untermalte. Valentins Fangemeinde wuchs und wuchs, und auch die Konkurrenz horchte allmählich auf. Manchmal wussten sie zwar nicht so recht, ob sie lachen oder weinen sollten, doch als im Kreisanzeiger ein erster Artikel über Valentin erschien, in dem man ihm „mehr als nur latente Talente" bescheinigte, flippte der Glückspilz förmlich aus. Beflügelt vom Lob und seiner neu entfalteten Geistesgabe gewann Valentin schlussendlich auch seinen ersten Preis, mit einer Hommage an Wuhan im Stile eines Haiku, und die Nummer mit den Hähnchenknochen ließen sie ihn sogar wiederholen: diesmal als Teil seines Programms, denn auch als Aktionskünstler „Valentin, the Word Machine" war der lange Zeit unterschätzte Wortakrobat inzwischen unterwegs – und von keiner Bühne mehr wegzudenken, zumindest nicht in der Voreifel. Das war ein Aufstieg!

Nun konnte er, so oft er wollte – und er durfte, so viel er konnte. Und das sollte auch nach Corona noch für lange Zeit so bleiben.

Valentin hatte es geschafft. Jetzt war er selbst einer von denen.

Erst desinfizieren, dann trainieren... allerdings nur bestimmte, coronagerechte Spielsituationen!

Bullshit-Bingo „Corona Style"

Kreuze den entsprechenden Begriff an, sobald er erwähnt wird! Ist eine Reihe voll, rufe beherzt „Bingo!"

MASKEN-PFLICHT	WUHAN	ABFLACHEN	HAMSTERN	WIR BLEIBEN ZUHAUSE
KONTAKT-VERBOT	EXPONENTIELLES WACHSTUM	LOCKERUNG	COVID-19	MUNDSCHUTZ
TOILETTEN-PAPIER	PANDEMIE	SOZIALE DISTANZIERUNG	VIROLOGE	LOCKDOWN
SÖDER	ABSTAND	AUSGANGS-BESCHRÄNKUNG	NEUARTIG	ZWEITE WELLE
EINDÄMMEN	BLEIB GESUND	DROSTEN	DESINFEKTIONS-MITTEL	RKI

Bei der Mund-Nase-Bedeckung waren viele Varianten zulässig… was im Falle des Autors schon mal so aussieht:

Die Amazone

„An einem schönen Maimorgen durchritt eine schlanke Amazone auf einer wunderbaren Fuchsstute die blühenden Alleen des Bois de Boulogne." Sätze wie diesen vernahm man häufiger im Paris des Jahres 2033. Man drückte sich blumig aus, um nicht zu sagen gewählt. Geschickt umschrieb man das, was man eigentlich sagen wollte, und bediente sich dabei vorzugsweise passender Zitate aus der Weltliteratur. Monsieur Petit, der anders als sein Name es nahelegt, einen großgewachsenen Haudegen verkörperte, hatte seinen Satz bei der „Pest" aufgeschnappt, dem Romanklassiker von Albert Camus aus dem Jahre 1946. Die Amazone und ihr legendärer Ritt schienen ihm genau die richtige Metapher zu sein für das, was er eigentlich ausdrücken wollte. Doch warum formulierte Monsieur Petit so umständlich und bildhaft, anstatt ganz unverblümt, als er den Satz in sein Smartphone eintippte und die Textnachricht mit einem Schmunzeln an seine Lebensgefährtin verschickte? Nun, die Zeiten hatten sich geändert, oder wie Churchill es sagen würde: Um die Welt zu ruinieren, genügte es, dass jeder seine Pflicht tat:

Auf „Corona" war eine Phase immer wiederkehrender Beschränkungen des Alltags gefolgt. Covid29 hieß der noch neuartigere Wiedergänger, der ein Viertel der Menschheit hinweggerafft hatte und der von vielen unterschätzt worden war, nachdem sich Covid19 als „nicht so gravierend" im kollektiven Gedächtnis festgesetzt hatte. Der Trend zu autoritären Staatsführern hatte sich derweil verfestigt, bis sich die regionalen Konflikte schließlich in einem weltweiten Krieg entluden, der im Nahen Osten, angefacht durch religiöse Extremisten, seinen Anfang nahm. Ihren Abschluss hatte die von vielen als „Endzeit" wahrgenommene Entwicklung darin gefunden, dass eine Reihe von charismatischen Figuren emporgestiegen war, die die Sinnlosigkeit eines für niemanden gewinnbaren Krieges verdeutlichten. Was jedoch mindestens ebenso entscheidend zur Einwilligung in einen dauerhaften Weltfrieden beigetragen hatte, war jenes Ereignis, das am 23. Mai 2033 an sämtlichen Kampfplätzen zeitgleich stattfand: Während Männer wie Waffen auf ihren Einsatz warteten, erschienen am Firmament wie aus dem Nichts ihre jeweiligen religiösen Heilsbringer und begannen zu den Menschen zu sprechen – durch ihre Mobiltelefone. Sofort erhob sich der Bewusstseinszustand auf maximal positiv. Dass ein solches Szenario erst mit Hilfe modernster Informationstechnik einschließlich Hologrammen und künstlich aufgebauten Klangkulissen ermöglicht worden war, blieb den leidgeplagten Erdenbürgern verborgen. Überwältigt waren sie von der Erkenntnis, dass sich sämtliche Anschauungen und Prophezeihungen auf einen Schlag als „Wahrheit" erwiesen hatten und damit jegliche Grundlage für weitere Auseinandersetzungen entfallen war. Schneller als je erwartet war die Menschheit bereit, sich zu vereinigen. „War never more" und „Peace forever" lauteten die Slogans im Mai 2033.

Anders als Christus, Mohammed und Buddha am Nachthimmel war der Weltfrieden jedoch keine Illusion. Seinen Preis hatte er trotzdem. Den berüchtigten Nanochip hatten die Bevölkerungen schon 2029 akzeptiert, um die Pandemie einzudämmen, aber auch, um den nur noch elektronisch stattfindenden Geldverkehr abzu-wickeln – und den Kühlschrank zu öffnen. So war es nur ein kleiner Schritt, bis man auch die Kontrolle der Sprache weltweit zu einer unumgänglichen Maßnahme erklärte. Denn im Anfang ist, wie es schon im Johannes-Evangelium geschrieben steht, immer das Wort, und wohin Hassreden führen, hatte die Menschheit nur allzu leidvoll erfahren müssen. Also übte man sich fortan in größtmöglicher Zurückhaltung, was von der durch die globale Regierung eingesetzten Clean Language Commission penibel überwacht wurde. Was als Zuwiderhandlung gegen den allgemeingültigen Kodex friedvoller Sprache angesehen wurde, endete nicht selten mit der Löschung des elektronischen Kontos – und damit dem weitgehenden Ausschluss aus dem gesellschaftlichen Leben.

Und genau diese Umstände waren es, die die Bürger des Jahres 2033, nicht nur in Paris, kreativ und in vielen Fällen sogar überaus humorvoll werden ließen. Denn das Leben war viel zu wichtig, um es einfach nur ernst zu nehmen – um es mit Oscar Wilde zu formulieren. Oder wie Mark Twain es sagen würde, gaben die Menschen jedem Tag die Chance, der schönste ihres Lebens zu werden, allen Widrigkeiten zum Trotz. Und so trällerte man, um keinen Verdacht zu erregen, obschon man wieder einmal voll des Zorns auf seine Regierung war, lieber einen Vers von Wilhelm Busch: „Ich hörte mal, dass man Verdruss womöglich streng vermeiden muss." Und Monsieur Petit besonn sich konsequent auf seine „Pest", wenn er zu seiner Liebsten sprach. Doch was hatte es nun auf sich mit der schlanken Amazone, die auf ihrer Fuchsstute durch die blühenden Alleen des Bois de Boulogne ritt? Nun, hinter der an die Lebensgefährtin gerichteten Äußerung, für die man auch das Mobiltelefon des Monsieur Petit unweigerlich überwachen musste, verbarg sich die folgende Mitteilung: „Meine noch gut erhaltene Großmutter ist gestern auf ihrer robusten Gehhilfe durch ihren blühenden Vorgarten geschlendert."

Die Sportanlagen waren verwaist…

… und eilig improvisierte Wartepunkte garantierten den Mindestabstand von zwei Metern auch am Imbiss.

Corona-Limericks Teil 2

Es war nur ein kleines Teilchen,
flog schneller als jedes Pfeilchen!
Erst hat's niemand gesehen,
und jetzt muss man verstehen:
Es begleitet uns wohl noch ein Weilchen!

Ach, früher, da war man so frei…
Dann war's mit der Freiheit vorbei!
Doch wir bleiben gesund,
denn wir halten den Mund
und warten auf Welle zwei.

Wenn der Wald ebenso wenig begehbar ist...

… wie die dringend benötigte Toilette…

… und die Regeln zudem nicht für alle zu gelten scheinen, dann kippt schon mal die Stimmung!

Diss-Track against Corona

Bis vor kurzem ging's uns allen prima,

doch dann gab's... leider schlechte News aus China!

Ein kleines Teilchen machte sich auf Reisen

und sorgt für Sorgen bei Kleinen und bei Greisen...

Corona, Corona, du bist der Schrecken

nicht nur für meine Oma!

Bist der *Begleiter* auch für jeden Dichter,

gehst immer weiter, in mancher Firma

erlöschen schon die Lichter!

Ja, wegen *dir* steht bald jeder *Zug* still,

du bist das Zeug, von dem man nicht genug will!

Corona, du bist die Krone all unserer Probleme,

ich sag: ver*schone* MICH,

ich geh' ja schon in Quarantäne!

Jens Spahn mahnt, wir sollten da nicht lax sein,

und wegen dir... bricht sogar der Dax ein!

Und alles nur... wegen einer Panne in Wu-han!

Ziehst deine Spur... du tust... *es* uns allen an!

Ich sage nur: ein Virus nimmt weltweit seinen Lauf,

der Anfang vom Ende, erst fiel es *keinem* auf!

Du bist der Grund, warum *auch ich*

mir jetzt'n Hamster kauf!

> Bei Lidl und bei Aldi... sind die Regale leer!
>
> Konserven und 'ne Maske,
>
> wo krieg ich das nur her?!
>
> Versorgungsketten reißen,
>
> so langsam bricht der Damm!
>
> und das will echt was heißen,
>
> von Nudeln brauch ich doch
>
> zehn Kilogramm!

Das hat jetzt alles seinen Preis,

ich lad den Wagen voll mit Wasser,

Klopapier... und chinesischem Reis!

Corona, du gehst uns eben *nicht am Arsch* vorbei!

Wegen dir überall Gezeter und Geschrei!

> Gestern so fit, heute Covid,
>
> mach da nicht mit, wer macht Profit?!

Leute, dann sagt doch ruhig:

Was ist das für ein Affe?!

Corona, so manche nennen dich...

'ne biologische Waffe!

Die ander'n sprechen eher von Hysterie,

für mich wird diese Pandemie…

zum Quell für Poesie!

Ist das nicht fantastisch?

Klingt's auch makaber,

morbide und etwas zu sarkastisch…

Corona, eines steht wohl fest:

Jetzt bist du *unser* Bier!

Bist unter uns… und bist vielleicht schon… hier?

Ich will es gar nicht wissen,

sonst lauf ich schreiend weg

und heul mir noch ins Kissen!

Also Corona, bleib bitte *weg aus der Pfalz*!

Auch fern von Mannheim,

ich wünsch' dir die Pest an den Hals!

Das Reden über dich, ja, DAS steckt wirklich an!

Ziehst uns in deinen Bann,

rechtfertigst jeden Zwang!

Mir wird schon Angst und bang!

Corona, du bist so nah… und du willst auch mich?!

Doch ich sag dir was: Ich will dich einfach nicht!

Jetzt naht das Ende… von diesem Schmähgedicht!

Ja, das war's, du missratene Tochter von *SARS*!

Und das Eine… verrat' ich kurz und knapp:

Wenn ich ehrlich bin,

fühl ich mich auch schon schlapp…

Doch keine Sorge, das ist nur Influenza,

denn das ist und bleibt…

mein *liebster Influencer*!

In diesem Sinne: Bleibt gesund!

Auch im Tierpark galten strenge Vorschriften…

… und die Zählung der Besucher erledigte man mit Wäscheklammern.

Rocky

Manfred kam nicht hinein, Elsa kam nicht hinein, Fred blieb außen vor, und auch Jacky schickten sie wieder weg. Rocky gewährte man Einlass. Anders als der Pensionär, die alleinerziehende Mutter und der Hipster samt Freundin hatte Rocky alles richtig gemacht. Er war drin.

Wie sich die anderen fühlten, die es nicht bis hierher geschafft hatten, das konnte er nur allzu gut nachempfinden, denn Rocky kam wie Mustafa, der ihn vorbeiließ, aus dem Security-Bereich. Als Sicherheitsfachkraft hat Rocky Lagerhallen bewacht, Geldtransporte abgesichert und in Kasinos die Aufsicht geführt. Dann kam die Pandemie. Für viele war nun Schluss mit lustig. Nicht so für Rocky: Aus ihm wurde Rokko.

„Schneller, los!", herrschte ihn Eva an, die mit korrekt sitzendem, khakifarbenen Schlauchschal zwei Meter von Rokko entfernt stolzierte. Zwei Meter, das war die Abstandsregelung, und diese galt es auch dann zu beachten, wenn eine 47-jährige leicht ergraute Vorstädterin ihren Liebsten spazieren führt – an einer Leine! „Los, mach schon!", hörte Rokko auf das Kommando seiner Herrin und kroch auf allen Vieren sichtlich vergnügt über die Abstandsmarkierungen des örtlichen Vollsortimenters, bis er die Glastür passiert hatte. Weil die Hundemaske saß und wie vorgeschrieben das Schnäuzchen bedeckte, war es für Rokko auch diesmal eine leichte Übung, hineinzukommen. „Maske ist Maske" hatte Mustafa erst letztens wieder versichert. Er war Türsteher, bevor die Diskotheken schlossen. Er musste es wissen. Im letzten Job waren Mustafa und Rocky sogar Kollegen. Man kennt sich. Dann ist Mustafa geflogen, weil er den Kasseninhalt mitgehen ließ, doch im Einkaufsmarkt interessierte das niemanden, jetzt brauchten sie jeden.

Kurz dachte Rokko darüber nach, als Zeichen seiner Dankbarkeit für alle sichtbar mit dem Schwänzchen zu wedeln – einen Plan, den Eva auf der Stelle unterband: „Nicht hier!", fauchte ihn die zweifach geschiedene Vorstandssekretärin an, schließlich war das gute Stück nicht desinfiziert, und eine solche Virenschleuder könnte man nun wirklich niemandem zumuten. Hygiene war in Corona-Zeiten einfach wichtig, genauso wie die Maske. Und der Dresscode hatte sich nun mal geändert, womit sich Manfred, Elsa, Fred und Jacky so schwer taten, dass für sie das Motto hieß: „Wir dürfen nicht hinein."

Doch Rocky konnte endlich der sein, der er in seinem tiefsten Innern schon immer war. Während die Sache mit der Hundemaske vor Ausbruch der Pandemie sein dunkelstes Geheimnis blieb, das er hütete wie dieser Tage manch einer seine Extrapackung Nudeln und Klopapier, so konnte nun Rokko den falschen Menschenkörper endgültig verlassen – und an Security und Desinfektionsstation vorbeikrabbeln. In diesen Momenten schlug sein Hundeherz höher!

„Sitz!", fauchte Eva den leicht übergewichtigen Vierbeiner an, der just am Regal für Tiernahrung angelangt war und sich in die Hocke begab. „Pedigree" musste es schon sein, denn Rokko war edle Kost gewohnt. Man verwöhnt das Tier mehr als das Kind, auch in der Pandemie. So warf die Herrin eine Packung in den Einkaufswagen, von dem sie übrigens nur einen mitführen musste. Rokko zählte nicht mit, das war praktisch!

Weniger praktisch waren die Schreie und panikartigen Fluchten, die mit den Shoppingtouren von Eva und Rokko regelmäßig einhergingen. So war es auch heute. Reihenweise erschraken sich die Kundinnen beim Anblick dieses ungleichen wie unerwarteten Paares. Anders der Mann mit dem gelben Chemieschutzanzug, der hier tagein, tagaus seine Raviolidosen und Küchentücher für kleines Geld erstand. In voller Montur und mit bösem Blick, den man nicht sah, hatte es jener schon beinahe zu einem Stadtoriginal der Corona-Zeit gebracht. Andere dagegen schimpften oder lachten, wenn Eva sich mit ihrem Rokko näherte – was die beiden wiederum als Teil ihres speziellen Spiels verstanden.

Besonders kritisch wurde die Lage nicht erst dann, wenn Rokko sich anschickte, das Beinchen zu heben. Nein, es genügte, wenn der nicht ganz stubenreine Lagerarbeiter an seiner Leine zog. Dabei hatte gerade dieses Utensil dem niedlichen Vierbeiner ungeahnte Freiheiten verschafft, während der Durchschnitts-bürger allzu strikte Maßnahmen beklagte.

Doch Rokko war nun einmal alles andere als Durchschnitt, und weil Rocky und Eva nicht miteinander verheiratet waren, musste der Riemen auf zwei Meter verlängert werden – Vorschrift ist Vorschrift, sehr zum Ärger der Herrin, die den Geliebten bis dahin bevorzugt an der kurzen Leine gehalten hatte. Im Vollsortimenter testete Rokko die Grenzen seiner neu gewonnenen Freiheit jedenfalls ungeniert aus.

Als er kurz davor war, auch noch sein Revier zu markieren, fiel der jungen Auszubildenden in der Gemüseabteilung der Mundschutz vom Gesicht. Der Filialleiter nahm die Sache mit dem um sein Frauchen streunenden Mittdreißiger ein wenig lockerer und war erst dann irritiert, als Rokko seiner Gewohnheit entsprechend anfing, lautstark zu bellen. Für Eva war genau dies das vereinbarte Signal, dass man jetzt zahlen könnte.

Johanna, die zwanzigjährige Kassiererin, war mit diesen Vorgängen erstaunlich gut vertraut, was bei den übrigen Kunden nicht zum ersten Mal Argwohn erweckte. Vor allem bei Manfred, dem Mundschutzmuffel, der partout nicht reinkam, während man Rokko sogar das Schnäuzchen puderte. Aber so waren die Regeln. Wortlos zog Johanna die Waren über das Band und reichte Eva das Desinfektionsspray, mit welchem sie die Maske von Rokko, formerly known as Rocky, von Keimen befreite und in neuem Glanz erstrahlen ließ. „Und das Schwänzchen?", fragte Johanna. „Nicht hier!"

Auch Deadpool hat die Zeichen der Zeit erkannt.

Ich, das Virus

Ich bin schon ein komisches Virus. Im Fahrradladen bin ich so gefährlich, dass sie nicht öffnen dürfen, im Discounter reicht für mich eine Maske. Wobei der Mundschutz zunächst gar nicht notwendig war, aber dann doch eingeführt wurde, aber erst, nachdem die Kurve schon abflachte. Wegen mir muss man Maske tragen und Abstand halten, obwohl alleine schon die soziale Distanz meine Ausbreitung verhindern sollte. Ich bin ein komisches Virus, und vor allem kommt es in Bezug auf meine Gefährlichkeit ganz auf das Bundesland an, in dem man lebt. Ich bin nämlich sehr wählerisch. In Bayern bin ich besonders aktiv, deswegen gelten dort strengere Regeln, und man muss sogar eine Ausgangssperre beachten. Nur zum Einkaufen, zu Arztbesuchen und zur Arbeit darf man, seit es mich gibt, sein Haus verlassen, genauso im Saarland, in Berlin und in Sachsen, während man in den restlichen Bundesländern auch zu anderen Zwecken rausgehen darf. In manchen Regionen dürfen nur zwei Personen aus demselben Haushalt zusammenkommen, andernorts dürfen sie auch aus verschiedenen Haushalten stammen, mal darf sich die komplette Familie treffen, mal nur die Abkömmlinge in gerader Linie, woanders auch die Geschwister. Ich bin schon ein komisches Virus und achte genau auf den Verwandtschaftsgrad, bevor ich jemanden infiziere. Wegen mir spielt regelmäßig der R-Wert verrückt, mal liegt er über eins und mal darunter, und wegen mir sind sich die Virologen mal einig und dann wieder zerstritten. In Nordrhein-Westfalen bin ich derart gefährlich, dass die Sauna bis auf Weiteres nicht öffnen darf, das Freibad aber schon. Wenn man die Landesgrenze zu Rheinland-Pfalz übertritt, wird es weniger schlimm, dann darf man bedenkenlos in die Sauna, weil ich dort nie bin, und wenn ich doch mal mitsauniere, dann verhindern Abstandsregelungen meine Übertragung. Ich bin wirklich ein komisches Virus, wegen mir gehen Leute gemeinsam auf die Straße, die sich sonst bekriegen, wegen mir erzählt man jede Menge Unsinn, und wegen mir dürfen Kinder nicht mehr auf den Spielplatz, in die Schule und Reisende nicht mehr in die Hotels, es sei denn, es sind Geschäftsreisende. Meine Existenz macht es notwendig, dass Eigentümer ihren Wohnsitz in Mecklenburg nur noch dann aufsuchen, wenn es ein Erstwohnsitz ist, in Schleswig-Holstein darf auch der Zweitwohnsitz genutzt werden. Ich achte nämlich genau auf die Anzahl der Wohnsitze, ja, ich bin ein komisches Virus und bin vor allem im Baumarkt überhaupt nicht gefährlich, weswegen dort die Umsätze explodieren, während ich für freischaffende

Künstler und das Publikum eine ernsthafte Bedrohung darstelle, so dass Veranstaltungen nicht mehr stattfinden können, es sei denn, es handelt es sich um Autokinos. Diese meide ich. Genauso wie den Profifußball, der gespielt werden darf, während die Freizeitsportler zuhause bleiben müssen. Ich bin wirklich ein komisches Virus, und um mich zu besingen, werden sogar Hymnen geschrieben. Blasorchester spielen nun auch wieder, aber nur mit Mundschutz, und auch die Chöre kommen jetzt wieder zusammen, allerdings nur für 30 Minuten. Keine Minute länger, denn das wäre wirklich gefährlich. Ja, ich bin ein komisches Virus.

Von NichtGanzDichter bei Tredition erschienen:

NichtGanzDichter:

Best of Slam Poetry

Bühnentexte – NichtGanzDichter

NichtGanzDichter

BEST OF

SLAM

POETRY

BÜHNENTEXTE

inkl. „Ich spiele Schach!"
„Rebellion 2.0"

Inhalt:

NichtGanzDichter... dieser Name ist Programm! „Originell, speziell, schwerstbegabt", so lautet die Devise! Seit 2008 tritt der umtriebige Künstler bei Poetry Slams und Lesungen auf. In seiner Rolle als rappender Schachspieler „MC Mate" ist er längst einem breiteren Publikum bekannt. Auch geigt er, ganz im Stile eines verzweifelnden Streetworkers, seinen „Homies" die Meinung – wenn er nicht gerade ein Loblied auf die „erotischste Großstadt Deutschlands" singt, die da wäre: Ludwigshafen!

Doch auch die nachdenklicheren Töne kommen im überaus vielseitigen Schaffen des Naturwissenschaftlers und Journalisten nicht zu kurz: Sei es eine Zustandsbeschreibung unserer schönen, neuen und bösen Welt, der Aufruf zu einer Rebellion 2.0, der lautstarke Zusammenprall der Geschlechter auf der Bühne oder die ewige Sehnsucht nach Liebe.

Mehr als 50 Podestplätze bei Poetry Slams von Berlin bis Germersheim stehen für den nicht ganz Dichten bisher zu Buche. Die 30 besten Bühnentexte sind Gegenstand dieser - nun erweiterten - Sammlung!

180 Seiten, 3. Auflage 2019.

ISBN (Paperback):	978-3-7469-1902-7	10,99 EUR
ISBN (Hardcover):	978-3-7469-1903-4	17,99 EUR
ISBN (e-Book):	978-3-7469-1904-1	2,99 EUR

NichtGanzDichter:

Best of Slam Poetry #2

Inhalt:

Inzwischen hat NichtGanzDichter sein zehnjähriges Bühnenjubiläum gefeiert – Grund genug für eine neue Textsammlung!

„Best of Slam Poetry #2" vereint die zwanzig spannendsten Bühnentexte des in Ludwigshafen und Köln ansässigen Spoken Word Performers aus der Schaffensperiode 2018/2019.

Mit viel Wortwitz und auf unnachahmliche Weise hält NichtGanzDichter ein Plädoyer „Gegen Hass und Gewalt" und für die Dankbarkeit, rappend nimmt er den allgegenwärtigen Markenwahn aufs Korn, er präsentiert „Europa in 5 Minuten" und bekennt, dass er nun mal „Einen Tic anders" ist.

Freuen Sie sich auf taufrische, gehaltvolle, skurrile, packende und überwiegend poetisch vorgetragene

Werke! Über 70 Mal stand NichtGanzDichter bei literarischen Wettbewerben auf dem Treppchen.

120 Seiten, 1. Auflage 2019.

ISBN (Paperback):	978-3-7482-6035-6	9,99 EUR
ISBN (Hardcover):	978-3-7482-6036-3	16,99 EUR
ISBN (e-Book):	978-3-7482-6037-0	2,99 EUR

NichtGanzDichter:

Geschichten eines nicht ganz Dichten

*Meine verrücktesten Begegnungen – ein
Schwerstbegabter packt aus!*

Inhalt:

NichtGanzDichter… dieser Name könnte dem einen oder anderen schon einmal beim Poetry Slam begegnet sein… Dort tritt der umtriebige Poet als rappender Schachspieler in Erscheinung und setzt das johlende Publikum kollektiv schachmatt. Doch NichtGanzDichter ist mehr: Das Leben des Naturwissenschaftlers, Journalisten und Maklers verläuft alles andere als in normalen Bahnen. Immer wieder zieht er skurrile Menschen geradezu magisch an. Sei es ein Professor, der täglich durchs Hochschulgelände brüllt und sich als Hobbydetektiv betätigt, sei es ein Steuerberater, der zugleich als Hooligan unterwegs ist und dessen Dachschaden sich auf 70.000 EUR summiert… oder zwei russische Spioninnen, die den Dichter in Köln observieren, eine französische Bulldogge, die beim Klavierspiel assistiert, ein Haribo-Schlumpf, der ihn am Ende den Job kostet – oder jenes Internet-Date, das sich über die Feuerleiter auf und davon macht! Von solchen und ähnlichen Begegnungen erzählt das vorliegende Werk. Ob es im Einzelfall lustig, traurig oder bedenklich ist, möge der Leser selbst entscheiden. Eines dürfte jedoch feststehen: NichtGanzDichter ist originell, speziell und schwerstbegabt! Letzteres ist sogar amtlich attestiert.

128 Seiten, 2. Auflage 2018.

ISBN (Paperback): 978-3-7439-1169-7   10,99 EUR
ISBN (Hardcover): 978-3-7439-1170-3   15,99 EUR
ISBN (e-Book):   978-3-7439-1171-0   2,99 EUR

E.B. und NichtGanzDichter:

Geschichten der Pfälzer Oma

50 heitere, dramatische, unglaubliche Tatsachenberichte –
von 1930 bis heute

Inhalt:

Die „Pfälzer Oma" alias E.B. blickt auf ein überaus bewegtes Leben zurück! Als die gebürtige Ludwigshafenerin, inspiriert durch einen ihrer Enkel, im Frühjahr 2017 ihre prägendsten Erinnerungen niederschreibt, ist sie fast 87 Jahre alt.

Herausgekommen ist eine beeindruckende Sammlung von Zeitzeugenberichten aus der Zeit von 1930 bis in die Gegenwart. Es ist ein Geschichten- und ein Geschichtsbuch. Mit Einfallsreichtum, hoher Risikobereitschaft und nicht zuletzt einer ungeheuren Schlagfertigkeit hat sich die „Pfälzer Oma" durchs Leben gekämpft! Als Tochter eines Sozialdemokraten war sie „Jungmädel" in der NS-Zeit, sie erlebte in ihrer Pfälzer Heimat Bombennächte und Hungerjahre, stellte sich schützend vor Zwangsarbeiterinnen, verlor zwei Brüder, baute vier

Häuser, sie verwies französische Soldaten und eine Rockerbande in die Schranken – und hat Zeit ihres Lebens immer gelacht!

Erleben Sie eine packende Zeitreise – und eine ungewöhnliche Persönlichkeit! E.B. lebt im Umland von Ludwigshafen, in der Nähe ihres Enkels.

164 Seiten, 3. Auflage 2019.

ISBN (Paperback):	978-3-7469-0003-2	10,99 EUR
ISBN (Hardcover):	978-3-7469-0215-9	16,99 EUR
ISBN (e-Book):	978-3-7469-0216-6	2,99 EUR

Notizen

Zeitfracht Medien GmbH
Ferdinand-Jühlke-Straße 7
99095 Erfurt, Deutschland
produktsicherheit@kolibri360.de